PUZZLE MAGICO!

Trova le tessere mancanti del puzzle tra i tuoi stickers!

Trova gli stickers e attaccali. Riconosci l'unicorno con la coda e la criniera arcobaleno?

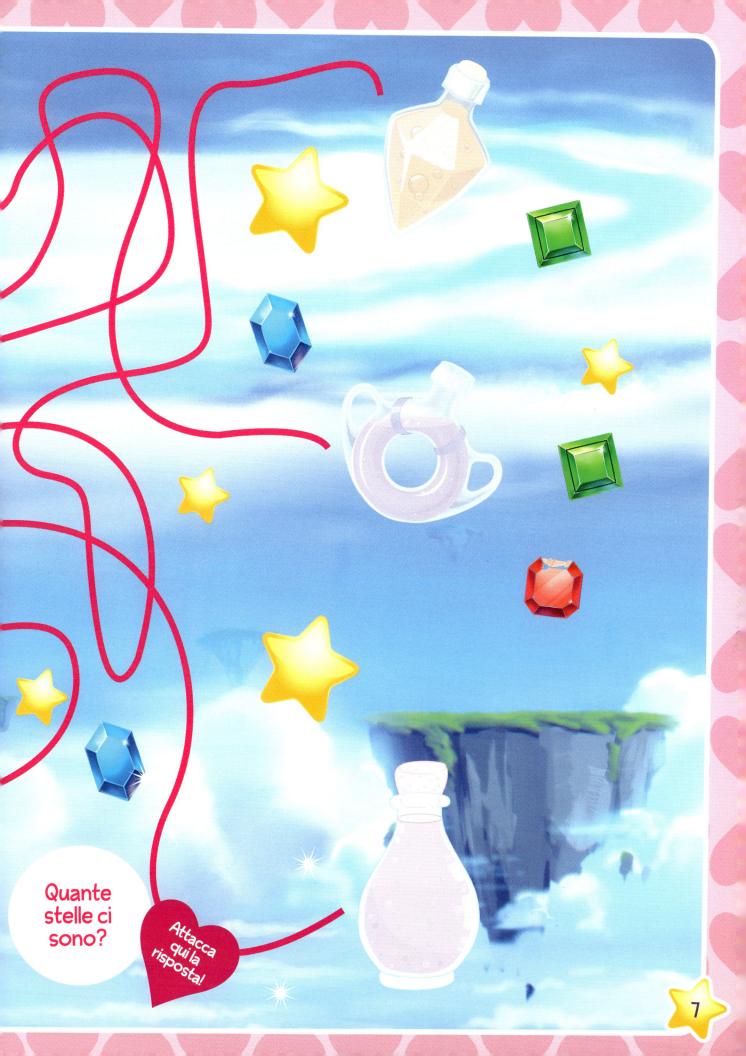

Quante stelle ci sono?

Attacca qui la risposta!

FIORDILUCE

Colora Fiordiluce, la regina della Foresta di Smeraldo!

BILÙ

Colora Bilù, il cucciolo più simpatico del Regno degli Unicorni!

Ciao, sono il cucciolo Bilù, un Unicorno della Valle, e la mia virtù è l'allegria!

PUZZLE MAGICO

Osserva e unisci le tessere sotto giuste nel puzzle.

ACHINTUR

Colora Achintur, l'unicorno più forte del Regno!

Ciao, sono Achintur, un Unicorno della Valle e la mia Virtù è la Forza.

Ciao, sono Greis, un Unicorno della Valle e la mia Virtù è l'Altruismo.

LENI

Colora Leni, l'unicorno più gentile e dolce della Valle!

ATTACCA E COLORA

Attacca gli adesivi sulla foto e poi colora con i colori giusti il disegno sotto!

Decora lo sfondo con gli stickers!

IL RITRATTO

Colora Silverius, il guardiano della Foresta di Smeraldo, con i colori che vedi nell'esempio!

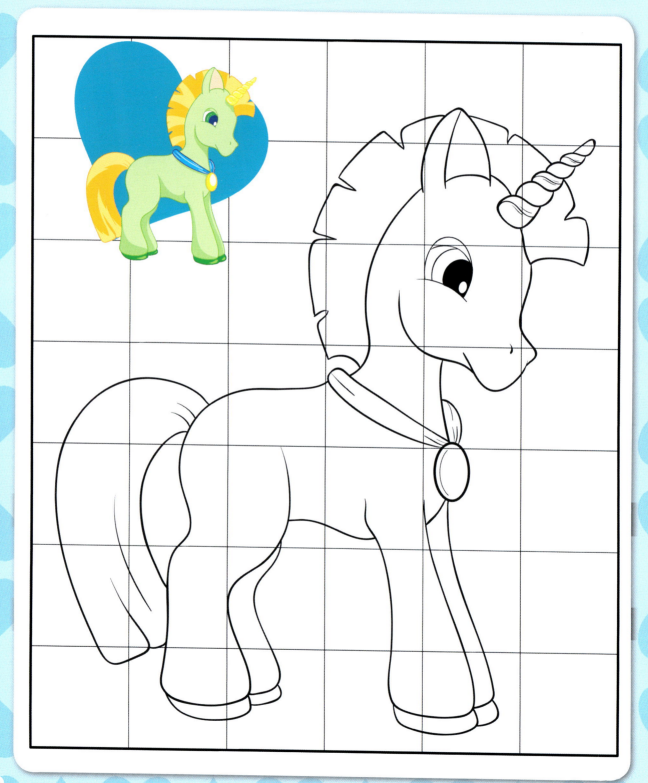

Adesso, aiutandoti con la griglia, fai un ritratto del bellissimo unicorno poi coloralo.

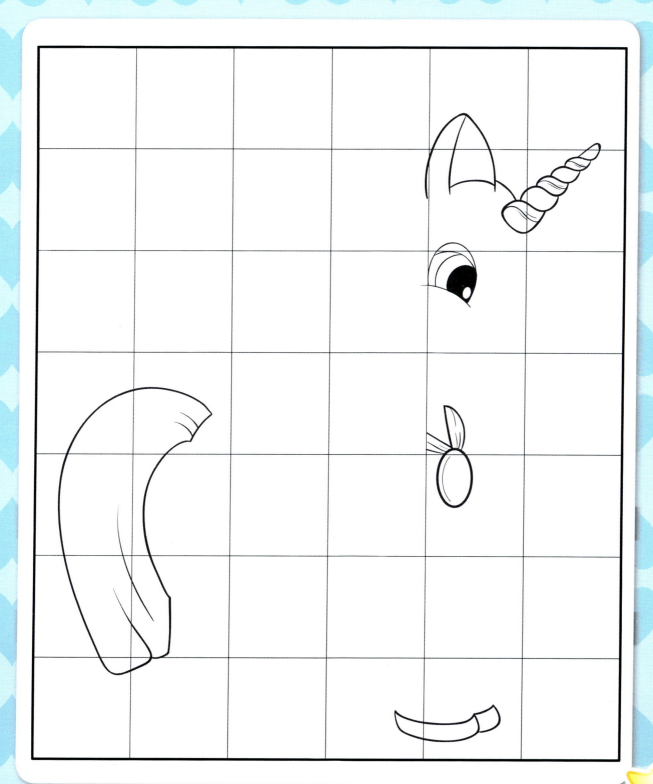

OSSERVA E COLLEGA

Osserva attentamente e collega con una linea ogni gruppo di oggetti al numero giusto.

5   8   6   2   4

PAROLE IN DISORDINE

Aliseno è il Saggio dei Ghiacci: rimetti in ordine la frase e scopri qual è la sua magica Virtù!

ALTRI ALISENO NEI SOGNI DEGLI PARLA UNICORNI

A _ I _ _ _ _ P _ _ _ _
_ _ _ S _ _ _
_ E _ _ _ _ _ _ T _ _
_ _ _ _ _ _ I

EDEL

Colora Edel, lei è un bellissimo Unicorno dei Monti con gli occhi color ambra!

Ciao, sono Edel, un Unicorno dei Monti e so fare magiche pozioni con le erbe.

L'OMBRA MISTERIOSA

A chi appartiene l'ombra misteriosa?
Osserva e scoprilo!

LE DIFFERENZE

Osserva e scopri le 5 differenze tra le due immagini di Vallelieta.

OSSERVA E COLLEGA

Osserva attentamente e collega con una linea ogni unicorno all'oggetto giusto.

CHE CONFUSIONE!
Collega ogni unicorno al luogo giusto in cui vive.

YODEL

Colora Yodel, un bellissimo unicorno dei Monti con il corno rosso fuoco!

Ciao, sono Yodel, un Unicorno dei Monti e comando i sassi saltellanti.

UNISCI I PUNTINI

Unisci i puntini e per magia apparirà...

LEONTE

Colora Leonte, l'unicorno della Valle più coraggioso del Regno!

UN'OPERA D'ARTE!

Segui i colori contrassegnati con i numeri sotto e colora la magica Estella!

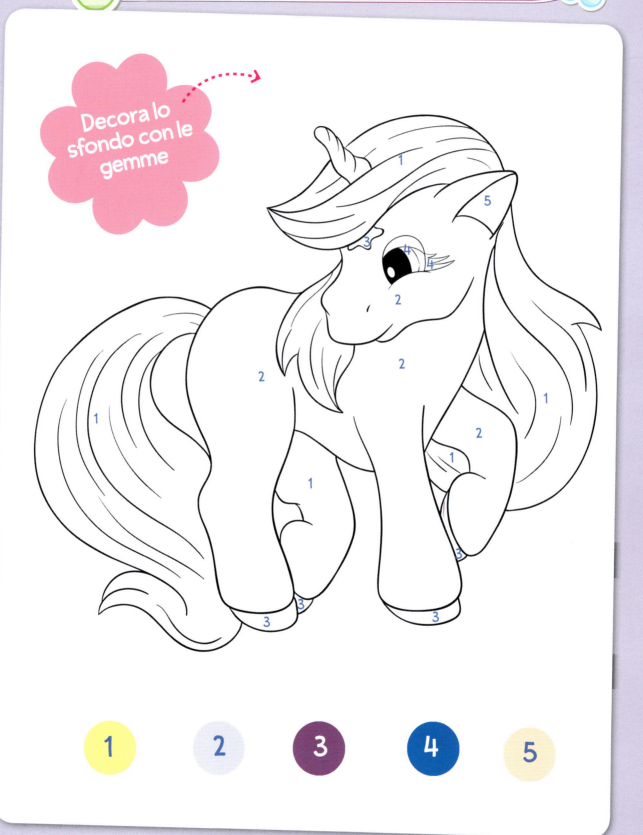

Decora lo sfondo con le gemme

1 2 3 4 5

STRANI UNICORNI

Osserva attentamente gli unicorni in alto poi assegna a ogni unicorno... le zampe giuste unendo i numeri e le lettere!

CONTA TU!

Quante volte compare ogni unicorno?

LE OMBRE MAGICHE

Osserva e unisci con una linea ogni unicorno alla sua ombra.

NUAR

Colora Nuar, l'unicorno della Notte con il potere più incredibile del Regno!

IL LABIRINTO... PREZIOSO!

Oh, no! Edel si è persa! Aiutala ad attraversare il labirinto e a raccogliere tutte le gemme sul percorso.

CERCA E ATTACCA
Trova e attacca lo stickers con il nome giusto di ogni unicorno!

SELENA

Colora Selena, il fantastico Unicorno della Notte!

Le stickers storielle

LA MAGIA DELLA LUNA

È scesa la sera, e sui magici monti di Vallelieta... la Luna fa una fantastica magia per gli Unicorni della Notte: dal cielo scendono tanti palloncini colorati!
Attaccali tutti!

IL RITRATTO

Colora Achintur, l'Unicorno della Valle più forte di tutti, con i colori che vedi nell'esempio!

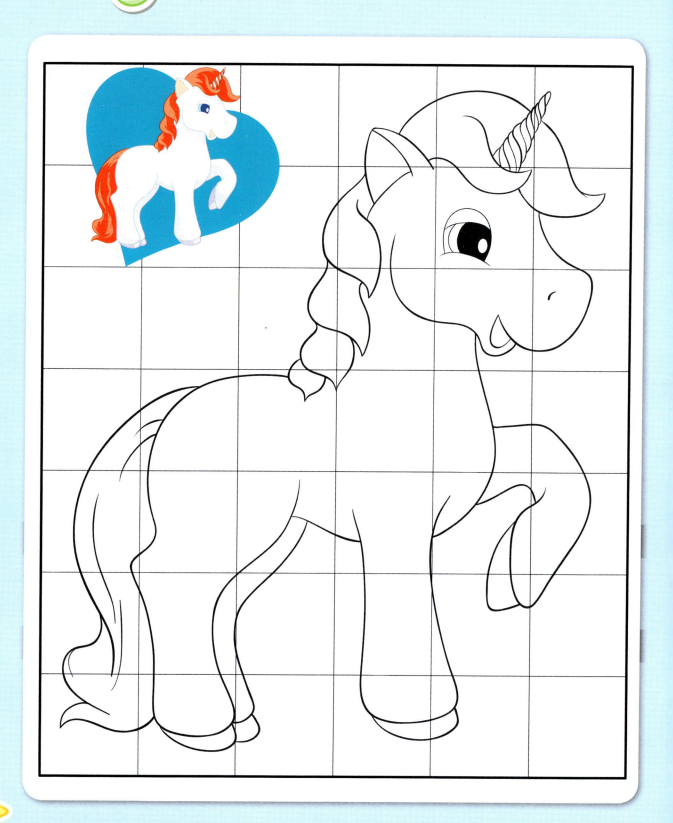

Adesso, aiutandoti con la griglia, fai un ritratto del bellissimo unicorno poi coloralo.

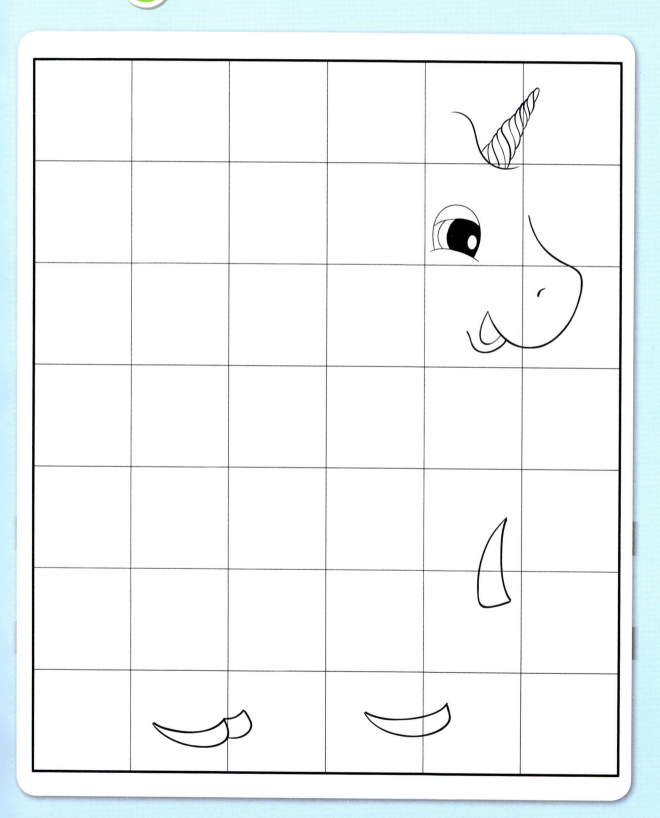

ESTELLA

Colora Estella, l'unico unicorno del Regno che sa volare!

IRIS

Colora Iris, la cuginetta della Regina Fiordiluce!

Ciao, io sono Iris, un cucciolo di Unicorno e so far nascere piante, alberi e fiori.

85

SILVERIUS

Colora Silverius, il Guardiano della Foresta di Smeraldo.

ALISENO

Colora Aliseno, il più saggio degli unicorni del Regno.

soluzioni

Pagina 3
È Silverius.

Pagina 4
È Fiordiluce.

Pagina 5
Sono 3 blu, 8 rosse.

Pagine 6-7
Le stelle sono 10.

Pagina 11
L'unicorno è Leonte.

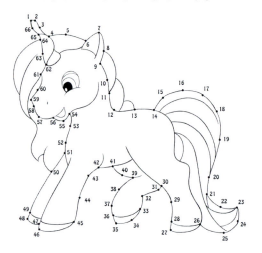

Pagina 15

Pagina 20
Le stelle verdi sono 3.

Pagina 28

Pagina 29

Pagina 34

Pagina 35

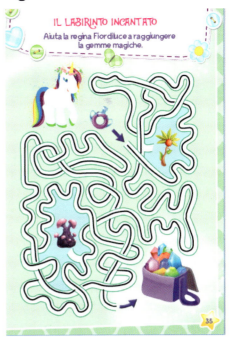

Pagina 36

Pagina 37

ALISENO PARLA NEI SOGNI DEGLI ALTRI UNICORNI

Pagina 40

Pagina 41

Pagina 42

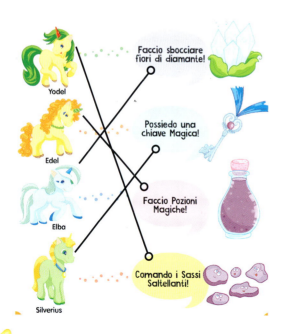

Pagina 43

Pagina 44

Pagina 45
Gli unicorni sono 10

Pagina 48

L'unicorno è Selena